SV

Cocina Tradicional
ESPAÑOLA

Cocina Tradicional
ESPAÑOLA

Auténticas recetas regionales
de toda España

Prólogo de
SILVANA FRANCO

EDICIONES LIBRUM

© Ediciones Librum S.A.
Rbla. Catalunya, 98, 7º, 2ª
Tel.: (93) 487 00 31 - Fax: (93) 487 04 39
08008 Barcelona

ISBN 84-89064-11-3

Editora culinaria en jefe Joanna Lorenz
Editora culinaria Linda Fraser
Editora interna Anne Hildyard
Diseñador Nigel Partridge
Ilustraciones Madeleine David
Fotógrafos Karl Adamson, Steve Baxter, James Duncan,
Michelle Garrett y Michael Michaels
Recetas Catherine Atkinson, Jacqueline Clark, Roz Denny, Joanna Farrow,
Sarah Gates, Shirley Gill, Sue Maggs, Liz Trigg y Steven Wheeler
Comidas para las fotografías Jane Hartshorn, Wendy Lee y Jane Stevenson
Fotografía de cubierta Amanda Heywood
Traductor Darío Giménez Imirizaldu

Impreso y encuadernado en Singapore

Para todas las recetas se dan las cantidades en sistema métrico decimal y, en su caso,
se dan también en tazas y cucharadas estándar. Siga un sistema, pero no los mezcle,
puesto que no son intercambiables.

Fotografías de sobrecubierta, páginas 7, 8 y 9: Zefa Picture Library Ltd.

PRÓLOGO

Los españoles se toman en serio su comida: tan en serio, de hecho, que los momentos importantes del día giran en torno a las comidas. Comenzando por el desayuno –que suele consistir en café y bollería– y pasando por un tentempié a media mañana, la mayoría de las tiendas y lugares de trabajo cierran hasta las cuatro de la tarde para dar tiempo a una comida a menudo copiosa, seguida a veces de la siesta vespertina. Y al final de la jornada, es costumbre ir al bar para tomar la bebida preferida y algunas de esas deliciosas tapas. Sin lugar a dudas, las comidas adquieren consideración de acontecimientos sociales.

La comida de España conforma una de las cocinas más excitantes y variadas de Europa. La colorista y romántica historia de España la ha dotado de una ecléctica diversidad de estilos que abarcan muchos sabrosos ingredientes regionales, como el delicioso queso *manchego* de oveja, o el salado *jamón serrano* curado. Cada región ostenta su propia cocina característica, desde el norteño País Vasco, considerado la cuna de la cocina española más sofisticada y de sus mejores chefs, hasta Andalucía, tierra de olivares.

Y ahora, la cocina española, después de haberse prodigado alrededor del mundo gracias a restaurantes y bares de tapas, va haciéndose familiar en los hogares de medio mundo junto con las ya aceptadas cocinas italiana o francesa.

Este maravilloso libro capta el espíritu de España con una amplia selección de platos clásicos como el *Gazpacho*, la *Zarzuela* o la *Crema Catalana*. Hace buen uso de ingredientes tan tradicionales como el chorizo, especiado y suculento embutido, y ofrece platos auténticos que son ideales para cualquier ocasión.

Cocina Tradicional Española está repleto de útiles trucos, las recetas son fáciles de elaborar y proporcionan resultados fantásticos... ¡No tenga miedo de agarrar al toro por los cuernos!

SILVANA FRANCO

INTRODUCCIÓN

Hay pocos países en donde se disfrute la comida con más deleite que en España. En Madrid, uno de los centros gastronómicos del país, se pueden encontrar muestras de la cocina de cualquier rincón de esta vieja y fascinante tierra, comenzando por el desayuno con *churros* (espirales de masa frita introducidos por los invasores árabes) y acabando, a menudo hacia la medianoche, con un postre después de una satisfactoria cena.

Normalmente el español, que se levanta temprano, se regala con un ligero almuerzo hacia las once y luego regresa al trabajo hasta la hora de la comida, que se sirve hacia las dos y media. Ésta puede consistir, por ejemplo: primero una sopa de pimientos asados, luego un buen plato de pescado, carne o caza y, finalmente, un bol de dulces fresas catalanas regadas con zumo de naranjas. No ha de sorprender que, a veces, sea oportuno una siesta después de comida tan soberbia; luego, no tardará en llegar un café antes de empezar el trabajo de la tarde. También es costumbre tomar unas cuantas tapas, en un bar de confianza, antes del último ágape del día, que suele ser hacia las nueve o diez de la noche.

Este modelo es similar, con algunas variaciones, en cualquier parte del país, aunque las comidas son algo más ligeras en el sur, especialmente en los meses más calurosos, cuando se encuentran en el menú el pescado frito, suavemente rebozado, junto con la fresca sopa veraniega: el *gazpacho*. Aunque a veces se le ha llamado ensalada líquida, consiste en una sopa de tomates, servida

fría, con una selección de tropezones de pepino o pimiento verde.

La costa oriental es famosa por su pescado y marisco: calamares, almejas, langostas, mejillones, anchoas y sardinas. También se encuentran allí ricos arrozales y campos de azafrán. Todo el mundo sabe que Valencia es la cuna de la *paella* de marisco, deliciosa combinación de arroz azafranado, rape, salmonetes, gambas, mejillones, guisantes y los brillantes pimientos rojos que crecen en la región.

Otro plato que no hay que perderse es la *zarzuela*, una vibrante combinación de lo mejor de la pesca del día, servida con una salsa sabrosa y aromatizada con brandy.

En España muchos hombres se dedican a la cocina, en especial en el País Vasco, donde grupos de gourmets se reúnen para compartir sus platos favoritos. En estas sosegadas reuniones, cerradas al público en general, se consumen algunos de los mejores platos de España.

El vecino Aragón es conocido por sus salsas, especialmente el famoso *chilindrón*, hecho de pimientos asados, tomates, cebolla, ajo y jamón y servido con el pollo, la ternera o el conejo.

La caza se consume por toda España, siendo el jabalí uno de los platos predilectos. Se come mucho cerdo, ya sea como lechón o en forma de embutido, como el chorizo, ahumado y aromatizado

Una espectacular cordillera en Cataluña (izquierda) y un colorido mercado en Barcelona en el que se muestra una tentadora disposición de frutas y verduras (derecha).

por el pimentón y el ajo. El chorizo aparece en muchas de estas recetas: como relleno para los dátiles, en ensalada con habas y champiñones o como aderezo para un suculento potaje de alubias pintas. Los postres abarcan desde los dulces del sur, legado de la invasión árabe, hasta la fruta fresca, especialmente los melones, melocotones, albaricoques y naranjas.

Para deleitarse con lo mejor que puede ofrecerle España, vuelva la página y emprenda un viaje gastronómico sin salir de su casa.

SOPA DE PIMIENTOS ASADOS

E l grill intensifica el sabor de los dulces pimientos rojos y amarillos y confiere a esta deliciosa sopa su asombroso y vivo color.

INGREDIENTES
3 pimientos rojos
1 pimiento amarillo
1 cebolla, picada
1 diente de ajo, triturado
750ml / 3 tazas de caldo de verduras
15ml / 1 cucharada de harina
sal y pimienta negra molida
60ml / 4 cucharadas de pimientos rojos y amarillos picados, de adorno

4 PERSONAS

1 Precalentar el grill. Cortar los pimentos por la mitad y quitarles los tallos y la médula blanca. Quitarles las semillas.

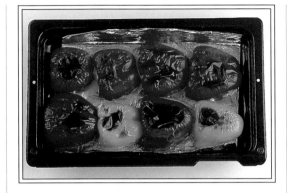

2 Forrar una cazuela de horno con papel de aluminio y disponer los pimientos cortados, con la piel hacia arriba, en una sola capa. Asarlos hasta que la piel esté negra y arrugada.

3 Pasar los pimientos asados a una bolsa de plástico y dejarlos enfriar. Luego pelarlos bajo un chorro de agua fría y tirar las pieles. Cortarlos en trozos grandes.

4 Poner la cebolla, el ajo y 150ml / ⅔ taza de caldo en una cacerola. Llevar a ebullición y dejar que hierva unos 5 minutos hasta que la mayor parte del caldo se haya reducido. Bajar el fuego y remover hasta que la cebolla se ablande y empiece a dorarse.

5 Espolvorear la harina sobre las cebollas e ir echándolas poco a poco al resto del caldo. Añadir los pimientos asados troceados y poner a hervir el caldo. Taparlo y dejarlo a fuego lento otros 5 minutos más.

6 Apartarlo del fuego y dejarlo enfriar un poco, luego pasarlo por el pasapurés o por la trituradora hasta que quede de textura fina. Salpimentar al gusto. Volver a ponerlo en la olla y recalentar hasta que hierva. Trasvasar a cuatro platos de sopa y adornalos con unos cuantos tropezones de pimiento.

GAZPACHO

E sta clásica sopa cruda es ideal para llevarla a picnics ya que puede guardarse tal cual en la nevera. Ponga las verduras picadas en bols separados y váyalas pasando a los comensales para que se sirvan ellos mismos.

INGREDIENTES
1 rebanada de pan blanco, descortezado
1 diente de ajo, triturado
30ml / 2 cucharadas de aceite de oliva extra virgen
30ml / 2 cucharadas de vinagre de vino blanco
6 tomates maduros grandes, pelados y picados finos
1 cebolla pequeña, picada fina
2,5ml / ½ cucharadita de pimentón
una pizca de comino molido
150ml / ⅔ taza de zumo de tomate
sal y pimienta negra molida

PARA ADORNAR
1 pimiento verde, sin semillas y picado
½ pepino, pelado, sin semillas y picado

PARA LOS TROPEZONES
2 rebanadas de pan, en daditos y frito

6 PERSONAS

1 Sumergir la rebanada de pan en agua fría hasta que la cubra y dejarla empaparse unos 5 minutos, luego aplastarla con un tenedor.

2 Machacar el ajo, el aceite y el vinagre con un mortero o triturarlos con la batidora. Luego mezclar esta picada con el pan mojado en agua.

3 Volcar la mezcla en un bol grande y añadir los tomates, la cebolla, las especias y el zumo de tomate. Salarlo y meterlo en la nevera. Preparar los tropezones y el pan frito.

4 Para servirlo, verter el gazpacho en seis platos de sopa enfriados e ir pasando los tropezones y el pan a cada comensal.

SOPA DE ALMENDRAS

A menos que quiera perder el tiempo moliendo a mano los ingredientes para este plato, será indispensable que use una picadora. Es sencilla y resulta muy agradable y fresca en un día caluroso.

INGREDIENTES
115g de pan blanco del día
115g / 1 taza de almendras crudas
2 dientes de ajo, fileteados
75ml / 5 cucharadas de aceite de oliva
25ml / 1½ cucharadas de vinagre de jerez
sal y pimienta negra molida
copos de almendra tostada y unas cuantas
uvas negras y verdes, sin semillas, peladas
y cortadas en dos, de adorno

6 PERSONAS

1 Desmenuzar el pan en un bol y verter encima 150ml / ⅔ taza de agua fría. Dejarlo empapándose 5 minutos.

2 Pasar las almendras y el ajo por una picadora o batidora hasta que queden bien molidos. Luego mezclarlos con el pan.

3 Ir añadiendo poco a poco el aceite de oliva hasta que la mezcla forme una pasta suave. Añadir el vinagre y luego 600ml / 2½ tazas de agua fría, seguir batiendo la mezcla hasta que quede completamente fina.

4 Verterla en un bol y salpimentarla, añadiendo un poco más de agua si queda demasiado espesa. Dejarla enfriar en la nevera al menos 2–3 horas.

5 Ponerla en platos de sopa y echar por encima de cada plato algunos copos de almendra tostada y las uvas.

CONSEJO DEL CHEF
Esta sopa debe servirse bien fría. Si lo desea, añada un par de cubitos de hielo a cada plato al servirla.

CALDO GALLEGO

Esta deliciosa sopa-plato fuerte es un caldo caliente con carne y verduras. Para añadirle color, pueden echarse unos trozos de cebolla al cocer el lacón, pero recuerde quitarlas antes de servirlo.

INGREDIENTES
450g de lacón en una pieza
2 hojas de laurel
2 cebollas, en rodajas
10ml / 2 cucharaditas de pimentón
675g de patatas, cortadas en dados grandes
225g de verduras tiernas
425g de judías verdes de lata, escurridas
sal y pimienta negra molida

4 PERSONAS

1 Dejar el trozo de lacón toda la noche en remojo. Escurrirlo y ponerlo en una olla grande con el laurel, las cebollas y 1,5 litros / 6¼ tazas de agua fría.

2 Ponerlo a hervir, después bajar el fuego y dejarlo cocer a fuego lento unas 1½ horas, hasta que la carne esté tierna.

3 Escurrir la carne, reservando el caldo, y dejarla enfriar un poco. Descortezarla, quitar el exceso de grasa y cortarla en taquitos. Volverla a echar a la olla con el pimentón y las patatas. Taparla y dejarla cocer a fuego lento 20 minutos.

4 Quitar las partes duras de las verduras y cortarlas en tiras con un cuchillo bien afilado. Añadirlas a la olla junto con las judías verdes y dejarlas cocer unos 10 minutos. Salpimentar el caldo al gusto y servirlo caliente.

CREMA DE MEJILLONES

Servidos calientes, estos mejillones en salsa son una sopa deliciosa, perfecta para el almuerzo. También puede servirse perfectamente fría.

INGREDIENTES

675g de mejillones frescos
75ml / 5 cucharadas de vino blanco o sidra
25g / 2 cucharadas de mantequilla
1 cebolla roja pequeña, picada
1 puerro pequeño, en rodajas finas
1 zanahoria, en daditos
2 tomates, pelados, sin semillas y picados
2 dientes de ajo, triturados
15ml / 1 cucharada de perejil fresco picado
15ml / 1 cucharada de albahaca fresca picada
1 tallo de apio, en rodajas finas
½ pimiento rojo, sin semillas y picado
250ml / 1 taza de nata líquida
sal y pimienta negra molida

6 PERSONAS

1 Raspar los mejillones y quitarles las barbas. Desechar los que estén rotos o los que no se cierren al darles un golpecito. Ponerlos en una olla con el vino o la sidra y 150ml / ⅔ taza de agua.

2 Tapar la olla y cocerlos a fuego fuerte hasta que se abran (Tirar los que no lo hagan). Con una espumadera, pasarlos a un plato y dejarlos enfriar hasta que no quemen. Una vez fríos, separarlos de sus conchas, dejando algunos en ellas para adornar, si lo desea.

3 Pasar el caldo por un colador o un trozo de tela para eliminar la arena. Calentar la mantequilla en la misma olla y sofreír la cebolla, el puerro, la zanahoria, los tomates y el ajo a fuego fuerte unos 2–3 minutos.

4 Bajar el fuego y dejarlo cocer otros 2–3 minutos. Añadir el caldo, 300ml / 1¼ tazas de agua y las hierbas y cocer a fuego lento unos 10 minutos. Agregar los mejillones, el apio, el pimiento y la nata. Salpimentar y servir.

BOCADITOS DE BACALAO
CON MAYONESA DE AJO

E ste es un plato español muy popular y los bocaditos salados combinan muy bien con una mayonesa de ajo bien fuerte. Se debe remojar bien el bacalao y no añadirle sal al plato al prepararlo.

INGREDIENTES
225g de bacalao salado
675g de patatas harinosas
1 diente de ajo, triturado
45ml / 3 cucharadas de perejil fresco picado
1 yema de huevo batida
15ml / 1 cucharada de harina
aceite vegetal, para freír
pimienta negra molida

PARA LA MAYONESA DE AJO
3 dientes de ajo, triturados
el zumo de ½ limón
300ml / 1¼ tazas de mayonesa

4 PERSONAS

1 Remojar el bacalao al menos 24 horas, cambiando el agua agua regularmente, para ablandarlo y reducir la cantidad de sal.

2 Escurrirlo bien y desmigarlo, teniendo cuidado de quitar todas las pieles o espinas que pudiera tener el pescado.

3 Cocer las patatas hasta que estén bien tiernas y luego escurrirlas. Hacerlas puré con el ajo, el perejil y la yema de huevo.

4 Añadir el bacalao al puré y sazonarlo con pimienta. Con las manos enharinadas, hacer 20 bolas del tamaño de una nuez.

5 Calentar el aceite en una sartén grande de base gruesa hasta que un pedazo de pan chisporrotee al echarlo a la sartén. Freír las bolas en tandas unos 2 minutos. Escurrirlas sobre papel de cocina y guardarlas al calor.

6 Para la mayonesa de ajo, batir el ajo, el zumo de limón y la mayonesa juntos. Servirla con las bolas de pescado calientes.

GAMBAS AL AJILLO

E n España, las *Gambas al Ajillo* se suelen hacer tradicionalmente en platitos de barro, pero una sartén sirve igual.

INGREDIENTES

60ml / 4 cucharadas de aceite de oliva
2–3 dientes de ajo, picados finos
16 gambas grandes, enteras y cocidas
15ml / 1 cucharada de perejil fresco picado
sal y pimienta negra molida
rodajas de limón y pan de barra,
para servir

4 PERSONAS

3 Agregar el perejil, apartarlas del fuego y servir cuatro gambas por persona en bols precalentados, vertiéndoles un poco del aceite por encima. Servirlas con rodajas de limón para exprimir y pan para mojar en el delicioso jugo.

1 Calentar el aceite en una sartén grande y añadir el ajo. Sofreírlo 1 minuto, hasta que empiece a dorarse.

2 Añadir las gambas y rehogarlas 3–4 minutos, dejando que se empapen bien del aceite con ajo.

TAPAS DE ALMENDRAS, OLIVAS Y QUESO

 stos tres sencillos ingredientes, ligeramente sazonados, forman un delicioso revoltillo para hacer tapas.

INGREDIENTES

PARA LAS OLIVAS MACERADAS

2,5ml / ½ cucharadita de semillas de coriandro
2,5ml / ½ cucharadita de semillas de hinojo
5ml / 1 cucharadita de romero fresco picado
10ml / 2 cucharaditas de perejil fresco picado
2 dientes de ajo, triturado
15ml / 1 cucharada de vinagre de jerez
30ml / 2 cucharadas de aceite de oliva
115g / ⅔ taza de olivas verdes y lo mismo de olivas negras

PARA EL QUESO MACERADO

150g de queso de cabra
90ml / 6 cucharadas de aceite de oliva
15ml / 1 cucharada de vinagre de vino blanco
5ml / 1 cdta. de pimienta negra en grano
1 diente de ajo, fileteado
3 ramitas de estragón o tomillo frescos

PARA LAS ALMENDRAS SALADAS

1,5ml / ¼ cucharadita de pimienta de cayena
30ml / 2 cucharadas de sal marina
25g de mantequilla
60ml / 4 cucharadas de aceite de oliva
200g / 1¼ tazas de almendras crudas

6-8 PERSONAS

1 Para hacer las olivas maceradas, machacar el coriandro y el hinojo en el mortero. Mezclarlos con el ajo, el vinagre y el aceite y verterlo sobre las olivas en un bol pequeño. Taparlas y dejarlas en la nevera una semana.

2 Para preparar el queso, cortarlo en taquitos, sin quitarle la corteza. Ponerlo en un bol. Mezclar el aceite, el vinagre de vino, la pimienta, el ajo y las ramitas de estragón o de tomillo. Verter la mezcla sobre el queso. Tapar el bol y dejarlo macerar en la nevera durante 3 días.

3 Para las almendras saladas, mezclar la pimienta de cayena y la sal en un bol. Fundir la mantequilla con el aceite de oliva en una sartén. Añadir las almendras y freírlas a fuego lento, removiendo, unos 5 minutos hasta que se doren bien por todas partes.

4 Echarlas a la mezcla de sal y pimienta y remover hasta que queden bien rebozadas. Dejarlas enfriar y guardarlas en un tarro u otro recipiente hermético durante una semana.

5 Para servir las tapas, disponerlas en platitos para servir. Adornar el queso con ramitas de estragón y salar un poco las almendras, si lo prefiere.

CONSEJO DEL CHEF

Si va a servir algún aperitivo o vermut, prepare palillos para pinchar las olivas y los tacos de queso.

DÁTILES CON CHORIZO

Para esta tapa se utiliza una deliciosa combinación de dátiles frescos y chorizo. Sírvalos con una copa de fino de Jerez de buena calidad.

INGREDIENTES

50g de chorizo

12 dátiles frescos, deshuesados

6 lonchas de bacon

aceite, para freír

harina, para rebozar

1 huevo, batido

50g / 1 taza de pan rallado

4–6 PERSONAS

1 Quitar las puntas del chorizo y pelarlo. Cortar tres rodajas de 2cm y dividir cada una de ellas en cuatro partes, para hacer 12 trozos.

2 Rellenar cada dátil con un trozo de chorizo, cerrándolo después. Extender las lonchas de bacon pasando el dorso de un cuchillo por encima de la loncha y cortarlas por la mitad a lo ancho. Envolver cada dátil relleno con una de estas piezas de bacon. Cerrarlos atravesándoles un palillo de madera.

3 Verter 1 cm de aceite en una sartén y calentarlo. Enharinar los dátiles, pasarlos por el huevo batido y, finalmente, rebozarlos en el pan rallado. Freírlos en el aceite caliente, dándoles la vuelta, hasta que estén dorados. Sacarlos con una espumadera y escurrirlos en papel de cocina. Servirlos enseguida.

EMPANADILLAS DE ESPINACAS

E stas son unos pastelillos que están rellenados con unos ingredientes de fuertes influencias moriscas: piñones y pasas.

INGREDIENTES

25g / 3 cucharadas de pasas

25ml / 1½ cucharadas de aceite de oliva

450g de espinacas frescas, lavadas y picadas

6 anchoas de lata, escurridas y picadas finas

2 dientes de ajo, picados finos

25g / ¼ taza de piñones, picados

1 huevo batido

350g de masa preparada

sal y pimienta negra molida

SALEN 20

1 Para hacer el relleno, dejar las pasas en remojo unos 10 minutos en agua caliente. Escurrirlas y picarlas. Calentar el aceite en una sartén grande, añadir las espinacas, removerlas y después taparlas y dejarlas cocer a fuego lento unos 2 minutos. Destaparlas, subir el fuego y dejar que se evapore el líquido. Añadir la sal y pimienta, las anchoas y el ajo y rehogar, removiendo, 1 minuto más. Sacarlas del fuego, añadir las pasas y los piñones y dejarlas enfriar.

2 Precalentar el horno a 180°C / Gas 4. Con un rodillo, amasar la pasta hasta que tenga un grosor de 3mm. Con un cortador de masa de 7,5 cm, cortar 20 círculos. Poner 10ml / 2 cucharaditas de relleno en el centro de cada círculo y mojar los bordes con agua. Juntarlos y sellarlos (*Izq.*) presionando con un tenedor. Poner las empanadillas sobre una bandeja de horno engrasada y hornearlas unos 15 minutos, hasta que se doren. Servirlas calientes.

TORTILLA ESPAÑOLA

No hay cocinero que no tenga en su repertorio la tortilla española, que puede variar según lo que se tenga en casa. Esta versión es de judías blancas y se le da el toque final con una capa de semillas de sésamo tostadas.

INGREDIENTES

30ml / 2 cucharadas de aceite de oliva
5ml / 1 cucharadita de aceite de sésamo
1 cebolla, picada
1 pimiento rojo pequeño, sin semillas y cortado en tacos
2 tallos de apio, picados
400g de judías blancas de lata, escurridas
8 huevos
45ml / 3 cucharadas de semillas de sésamo
sal y pimienta negra molida
ensalada verde, para acompañar

4 PERSONAS

VARIACIÓN
También pueden usarse patatas cocidas en rodajas, cualquier verdura de temporada, corazones de alcachofa o garbanzos en esta tortilla.

1 Calentar el aceite de oliva y de sésamo en una paellera o sartén de 30cm. Añadir la cebolla, el pimiento y el apio y sofreír hasta que se ablanden pero sin dorarse.

2 Echar a la sartén las judías blancas escurridas, mezclarlas bien y rehogarlo todo a fuego lento hasta que la mezcla de ingredientes se haya calentado bien.

3 En un bol grande, batir bien los huevos con un tenedor, salpimentarlos y verterlos sobre los demás ingredientes que están en la sartén.

4 Remover la mezcla con una cuchara de palo plana hasta que justo empiece a cuajarse y después dejar que se endurezca a fuego lento unos 6–8 minutos. Apartar del fuego.

5 Precalentar el grill a fuego medio. Espolvorear las semillas de sésamo sobre la tortilla y dorarla bien bajo el grill. Hay que vigilar para que no se quemen las semillas.

6 Cortar la tortilla en triángulos grandes y servirla caliente con una ensalada. Es también deliciosa servida fría.

GAMBAS CON GUINDILLA Y AJO

P ara este sencillo plato se necesitan gambas frescas que absorban los sabores del ajo y la guindilla al freírlas. Téngalo todo listo para prepararlo en el último momento y llevarlo a la mesa aún chisporroteando.

INGREDIENTES
350–450g de gambas grandes crudas
2 guindillas
75ml / 5 cucharadas de aceite de oliva
3 dientse de ajo, triturados
sal y pimienta negra molida

4 PERSONAS

1 Quitar las cabezas a las gambas y pelarlas, dejando las colas enteras. Cortar en dos cada guindilla a lo largo.

2 Calentar el aceite en una cazuela que valga para servir. (Si no, use una sartén y tenga una fuente de servir calentándose en el horno).

3 Echar a la cazuela las gambas, la guindilla y el ajo y freírlo todo a fuego fuerte unos 3 minutos, removiendo, hasta que las gambas se pongan rosadas. Salpimentarlas y servirlas enseguida.

CONSEJO DEL CHEF
Un tiempo de cocción breve es suficiente, para que las guindillas aromaticen los jugos producidos por las gambas. Sin embargo, no deben comerse las guindillas ya que son muy picantes.

TOSTADA AL AJO MEDITERRÁNEA

Estas tostadas con ajo se pueden servir como entrante. Cubiertas de tomates maduros, queso y longaniza, son también un suculento tentempié.

INGREDIENTES

150g de de queso para fundir

2 tomates maduros

½ barra de pan

1 diente de ajo, cortado en dos

30ml / 2 cucharadas de aceite de oliva, más un poco para untar

12 rodajas pequeñas de longaniza

15ml / 1 cucharada de albahaca fresca picada o 5ml / 1 cucharadita albahaca seca

sal y pimienta negra molida

brotes de albahaca fresca, para adornar

4 PERSONAS

1 Precalentar el grill a temperatura media. Preparar el queso en 12 lonchas y cada tomate en 6 rodajas. Abrir la barra de pan por la mitad y dividir en dos cada parte.

2 Colocar el pan bajo el grill, con el corte hacia arriba y tostarlo ligeramente. Mientras el pan aún está caliente, se frota el ajo por la parte tostada y se rocía por encima unos 7,5 ml / ½ cucharada de aceite.

3 Cubrir cada tostada con tres rodajas de longaniza, tres lonchas de queso y tres de tomate. Untarlas con un poco más de aceite (*Izq.*), sazonarlas bien y espolvorear por encima la albahaca.

4 Vuelven a ponerse al grill unos 2-3 minutos, hasta que el queso se haya fundido. Se sacan y se sirven calientes, adornándolas con ramitas de albahaca fresca.

ALCACHOFAS CON JUDÍAS Y ALIOLI

Al igual que con el *aïoli* francés, hay muchas recetas para hacer su equivalente español. La que se usa aquí lleva mucho ajo y es un acompañamiento perfecto para las verduras recién cocidas.

INGREDIENTES

PARA EL ALIOLI
6 dientes de ajo grandes, fileteados
10ml / 2 cucharaditas de vinagre blanco
250ml / 1 taza de aceite de oliva
sal y pimienta negra molida

PARA LA ENSALADA
225g de judías verdes
3 alcachofas pequeñas
15ml / 1 cucharada de aceite de oliva
la mondadura de 1 limón
sal gorda, para espolvorear
rodajas de limón, para adornar

4 PERSONAS

CONSEJO DEL CHEF
Para comer las alcachofas, deben arrancarse las hojas por su base y mojarse en un poco de salsa. Lo que se come es la parte carnosa inferior. La base y el corazón también se comen.

---

1 Para hacer el *alioli*, poner el ajo y el vinagre en una batidora. Con la máquina en marcha, ir vertiendo poco a poco el aceite de oliva hasta que la mezcla quede espesa y muy suave. (También se puede machacar el ajo con el vinagre e ir echando el aceite y batirlo todo a mano). Sazonar al gusto.

2 Para preparar la ensalada, cocer las judías en agua hirviendo unos 1–2 minutos hasta que se ablanden un poco. Escurrirlas.

3 Cortar los tallos de las alcachofas cerca de la base. Cocerlas en una olla grande con agua salada unos 30 minutos o hasta que se pueda arrancar una hoja de la base con facilidad. Escurrirlas bien.

4 Dividir las alcachofas por la mitad con un cuchillo afilado y, con cuidado, vaciar el centro con una chucharilla.

5 Disponer las alcachofas y las judías en platos para servir y rociarlas con aceite. Espolvorear encima la ralladura de limón y salpimentarlas. Poner una cucharada de *alioli* en los corazones de alcachofa y servirlas calientes, adornadas con rodajas de limón.

VARIACIÓN
A veces se encuentran alcachofas enanas que, a diferencia de las grandes, pueden comerse enteras. Cuézalas hasta que se ablanden y, simplemente, córtelas en dos para servirlas.

Los corazones de alcachofa en conserva, bien escurridos y cortados, pueden sustituir a los frescos si no los encuentra.

TORTILLA DE PIMIENTOS Y PATATAS

Esta tortilla es ideal para ir de picnic ya que está mejor fría. Use un queso fuerte, como el Mahón, o uno de cabra, aunque el manchego curado también le servirá.

INGREDIENTES
2 patatas
1 pimiento verde
1 pimiento rojo
45ml / 3 cucharadas de aceite de oliva
1 cebolla grande, en rodajas finas
2 dientes de ajo, triturados
6 huevos batidos
115g / 1 taza de queso curado rallado
sal y pimienta negra molida
15ml / 1 cucharada de perejil fresco picado,
para adornar

4 PERSONAS

VARIACIÓN
Puede añadir cualquier verdura picada y escaldada, como champiñones, calabacín o brécol, a esta tortilla, en lugar de los pimientos. La pasta o el arroz cocidos son también una alternativa excelente.

---

1 No hace falta pelar las patatas: se lavan bien y se escaldan 10 minutos. Escurrirlas y cortarlas en rodajas gruesas. Precalentar el grill a temperatura alta.

2 Quitar los tallos y las semillas de los pimientos y cortarlos en tiras finas. En una sartén antiadherente grande, calentar el aceite y freír la cebolla, el ajo y los pimientos a fuego medio unos 5 minutos hasta que se ablanden.

3 Añadir las patatas y seguir friendo, removiendo de vez en cuando, hasta que estén bien hechas y las verduras bien blandas. Añadir un poco de aceite si se aprecia que la sartén está muy seca.

4 Verter la mitad de los huevos y espolvorear encima la mitad del queso rallado, luego añadir el resto de huevo y sazonar al gusto. Terminar con una capa de queso.

5 Seguir haciéndola a fuego bajo, sin remover, tapando un poco la sartén para que los huevos se cuajen bien.

6 Cuando la mezcla esté firme, poner la sartén bajo el grill para cocer bien la parte de arriba. Dejar enfriar la tortilla en la sartén. Esto hace que quede más firme y que sea más fácil sacarla. Adornarla con perejil.

PATATAS BRAVAS

E ste sugerente nombre, *patatas bravas*, viene de su fuerte sabor picante. Siempre se puede reducir la cantidad de guindilla al gusto de cada uno.

INGREDIENTES

1kg de patatas nuevas
60ml / 4 cucharadas de aceite de oliva
1 cebolla, picada fina
2 dientes de ajo, triturados
15ml / 1 cucharada de salsa de tomate
200g de tomates en conserva picados
15ml / 1 cucharada de vinagre tinto
2–3 guindillas pequeñas, sin semillas y picadas o 5–10ml / 1–2 cucharaditas de guindilla en polvo
5ml / 1 cucharadita de pimentón
sal y pimienta negra molida
una ramita de perejil fresco, de adorno

4 PERSONAS

1 Hervir las patatas con piel unos 10–12 minutos o hasta que empiecen a estar tiernas. Escurrirlas bien en un colador y dejarlas enfriar, cortarlas por la mitad y reservarlas hasta que se necesiten.

2 Calentar el aceite en una sartén grande y echar la cebolla y el ajo. Sofreír durante 5–6 minutos. Añadir la salsa de tomate, los tomates picados, el vinagre, la guindilla y el pimentón. Dejarlo cocer unos 5 minutos.

3 Añadir las patatas y mezclar para que se rebocen bien. Tapar y cocer 8–10 minutos, o hasta que estén tiernas. Salpimentar y traspasar a una bandeja precalentada. Servirlas adornándolas con perejil.

PIMIENTOS ASADOS EN ENSALADA

E ste vistoso y suculento plato puede mejorarse usando también naranja y pimientos verdes, aunque estos últimos no tienen un sabor tan dulce.

INGREDIENTES
2 pimientos rojos, cortados y sin semillas
2 pimientos amarillos, cortados
y sin semillas
150ml / ⅔ taza de aceite de oliva
1 cebolla, en rodajas finas
2 dientes de ajo, triturados
un chorrito de zumo de limón
sal y pimienta negra molida
perejil fresco picado, de adorno

4 PERSONAS

1 Asar los pimientos 5 minutos, hasta que tengan la piel arrugada y ennegrecida. Ponerlos en una bolsa de plástico, cerrarla y dejarlos reposar 5 minutos.

2 Mientras, calentar 30ml / 2 cucharadas de aceite de oliva en una sartén y añadir la cebolla. Freír unos 5–6 minutos, hasta que esté blanda y translúcida. Apartar del fuego y reservarla hasta que se necesite.

3 Sacar los pimientos de la bolsa y quitarles la piel. Tirar las pieles y cortar los pimientos en tiras finas.

4 Poner los pimientos, las cebollas y el aceite de freírlas en un bol. Añadir el ajo y verter el resto del aceite de oliva, agregar un buen chorro de zumo de limón y salpimentar. Mezclarlo bien, taparlo y dejarlo macerar 2–3 horas, revolviendo la mezcla un par de veces.

5 Adornar la ensalada de pimientos con perejil fresco picado y servirlos para acompañar carnes frías.

CONSEJO DEL CHEF
Esta ensalada es también un delicioso entrante, servida con pan crujiene.

JUDÍAS VERDES CON JAMÓN

Este es un plato muy popular en toda España. Se cuecen las judías verdes y se rehogan después con jamón serrano. El ajo y la cebolla aportan un toque extra de sabor.

INGREDIENTES
450g de judías verdes
45ml / 3 cucharadas de aceite de oliva
1 cebolla, picada fina
2 dientes de ajo, picados finos
75g de jamón serrano, picado
sal y pimienta negra molida

4 PERSONAS

1 Cocer las judías verdes en una olla grande de agua hirviendo con sal durante 5–6 minutos, hasta que estén *al dente*.

2 Mientras, calentar el aceite en una sartén, añadir la cebolla y freírla unos 5 minutos, hasta que esté blanda y translúcida. Añadir el ajo y el jamón y sofreír otros 1–2 minutos.

3 Escurrir las judías, echarlas a la sartén y rehogar, removiendo, unos 2–3 minutos. Salpimentarlas bien y servirlas calientes.

CONSEJO DEL CHEF
Si no tiene jamón serrano para hacer este sencillo plato, puede sustituirlo por otro tipo de jamón, o por bacon.

ENSALADA DE AGUACATE, NARANJA Y ALMENDRAS

L os diferentes sabores y texturas de esta vistosa y refrescante ensalada se combinan maravillosamente para lograr un plato equilibrado.

INGREDIENTES
2 naranjas
2 tomates maduros
2 aguacates pequeños
60ml / 4 cucharadas de aceite de oliva extra virgen
30ml / 2 cucharadas de zumo de limón
15ml / 1 cucharada de perejil fresco picado
1 cebolla pequeña, cortada en aros
sal y pimienta negra molida
25g / ¼ taza de copos de almendra y 12 olivas negras, para adornar

4 PERSONAS

PÁG. SIGUIENTE ARRIBA: Ensalada de habas frescas
PÁG. SIGUIENTE ABAJO: Ensalada de aguacate, naranja y almendras

1 Pelar las naranjas y cortarlas en rodajas gruesas. Escaldar los tomates 30 segundos en agua hirviendo, pasarlos por agua fría. Pelarlos, cortarlos en cuatro, quitarles las semillas y picarlos en tacos.

2 Cortar los aguacates por la mitad, quitar el hueso y pelarlos con cuidado. Cortarlos en tacos.

3 Mezclar el aceite de oliva, el zumo de limón y el perejil picado. Salpimentar. Mezclar el tomate y el aguacate con la mitad de este aliño.

4 Disponer las rodajas de naranja en una bandeja de servir y esparcir los aros de cebolla por encima. Rociar encima el resto de aderezo. Hacer un montón con el aguacate y el tomate en el centro de la bandeja. Adornarlo con las almendras y las olivas negras.

ENSALADA DE HABAS FRESCAS

L as habas, en España, se usan tanto secas como frescas. Esta ensalada puede servirse como entrante o como plato principal.

INGREDIENTES
225g de habas frescas desgranadas
175g de chorizo
60ml / 4 cucharadas de aceite de oliva virgen
225g de setas, fileteadas
sal y pimienta negra molida
15ml / 1 cucharada de cebollinos picados

4 PERSONAS

1 Cocer las habas en agua hirviendo con sal unos 7–8 minutos. Escurrirlas y lavarlas con agua fresca. Si son muy grandes, quitarles la piel correosa que las cubre.

2 Quitarle la piel al chorizo y cortarlo en taquitos. Calentar el aceite en una sartén. Agregar el chorizo y sofreír unos 2–3 minutos. Mezclar el chorizo caliente, con su aceite, con las setas. Dejarlo enfriar.

3 Echar las habas y los cebollinos a la mezcla de chorizo y setas, mezclarlo todo bien y salpimentarlo al gusto. Servir las habas a temperatura ambiente.

MERLUZA CON MEJILLONES

Este sabroso plato de pescado, con su deliciosa salsa a base de vino y jerez, puede prepararse también con filetes de bacalao o de abadejo.

INGREDIENTES

30ml / 2 cucharadas de aceite de oliva
25g / 2 cucharadas de mantequilla
1 cebolla, picada
3 dientes de ajo, triturados
15ml / 1 cucharada de harina
2,5ml / ½ cucharadita de pimentón
4 filetes de merluza, de unos 175g cada uno
225g de judías verdes, cortadas en trozos de 2,5cm a lo largo
350ml / 1½ tazas de caldo de pescado
150ml / ⅔ taza de vino blanco seco
30ml / 2 cucharadas de jerez seco
16–20 mejillones frescos, lavados
45ml / 3 cucharadas de perejil fresco picado
sal y pimienta negra molida
pan de barra, para servir

4 PERSONAS

1 Calentar el aceite y la mantequilla en una sartén, añadir la cebolla y rehogarla 5 minutos, hasta que se ablande. Agregar el ajo y sofreír 1 minuto más.

2 Mezclar la harina y el pimentón y espolvorearlos sobre los filetes de merluza. Apartar la cebolla y el ajo a un lado de la sartén, añadir los filetes y freírlos hasta que estén dorados por ambos lados.

3 Echar a la sartén las judías, el caldo de pescado, el vino y el jerez y salpimentar al gusto. Llevarlo a ebullición y cocer el pescado a fuego lento unos 2 minutos.

4 Añadir los mejillones y el perejil, tapar la sartén y cocer 5–8 minutos, hasta que los mejillones se abran. (Desechar los que no lo hagan).

5 Servir la merluza en platos de sopa precalentados, con pan crujiente para mojar en la salsa.

SOPA DE PESCADO

Este es un caldo versátil que permite utilizar muchas combinaciones de pescado y marisco. Eso sí, compre sólo pescado muy fresco.

INGREDIENTES

45ml / 3 cucharadas de aceite de oliva

2 cebollas grandes, picadas

1 pimiento verde pequeño,
sin semillas y cortado

3 zanahorias, picadas

3 dientes de ajo, triturados

30ml / 2 cucharadas de salsa de tomate

2 latas de 400g de tomates en trozos

45ml / 3 cucharadas de perejil fresco picado

5ml / 1 cucharadita de tomillo fresco o
1,5ml / ¼ cucharadita de tomillo seco

15ml / 1 cucharada de albahaca fresca picada
o 5ml / 1 cucharadita de albahaca seca

120ml / ½ taza de vino blanco seco

450g de gambas crudas o cocidas, peladas

1,5kg de mejillones o almejas frescos o una
combinación de ambos, bien lavados

900g de filetes de fletán u otro pescado
blanco, cortados en piezas de 5–7,5cm

350ml / 1½ tazas de caldo de pescado o agua

sal y pimienta negra molida

hierbas frescas picadas, para adornar

6 PERSONAS

1 Calentar el aceite en una cacerola a prueba de fuego. Añadir las cebollas, el pimiento, las zanahorias y el ajo y rehogarlo todo hasta que se ablande un poco, unos 5 minutos.

2 Añadir los tomates en salsa y en trozos, las hierbas y el vino y remover para que se mezclen. Poner a hervir y cocerlo 20 minutos.

3 Añadir las gambas crudas, los mejillones o almejas, el pescado y el caldo o agua. Salpimentar.

4 Llevar de nuevo a ebullición y dejarlo cocer unos 5–6 minutos, hasta que las gambas queden rosadas, el pescado se desmenuce y los mejillones y las almejas se abran. Si usa gambas cocidas, échelas 2 minutos antes.

5 Trasvasar a platos de sopa precalentados y servirla adornándola con un puñadito de hierbas frescas.

CONSEJO DEL CHEF
Antes de cocer los mejillones o las almejas, deseche los que no se abran al golpearlos. Después tire los que queden cerrados.

ZARZUELA

L a *zarzuela*, al igual que la ópera ligera del mismo nombre, es la viveza y el color hecho plato de pescado y marisco. Esta fiesta de pescado incluye langosta y otros mariscos, pero siempre se pueden variar los ingredientes si se desea.

INGREDIENTES

1 langosta cocida
24 mejillones o almejas frescos
1 cola grande de rape, sin piel
225g de aros de calamar
15ml / 1 cucharada de harina
90ml / 6 cucharadas de aceite de oliva
12 gambas crudas grandes
2 cebollas dulces grandes, picadas
4 dientes de ajo, triturados
30ml / 2 cucharadas de brandy
450g de tomates maduros, pelados
y cortados en trozos
2 hojas de laurel
5ml / 1 cucharadita de pimentón
1 guindilla, sin semillas y picada
300ml / 1¼ tazas de caldo de pescado
15g / 2 cucharadas de almendras molidas
30ml / 2 cucharadas de perejil fresco,
picado
sal y pimienta negra molida
ensalada verde y pan caliente, para servir

6 PERSONAS

1 Con un cuchillo grande, cortar la langosta en dos a lo largo. Retirar el intestino oscuro. Partir las pinzas con un martillo.

2 Raspar los mejillones o almejas, tirar los que estén abiertos o rotos. Separar los filetes de rape del cartílago central y cortar cada uno en tres trozos.

3 Pasar el rape y los calamares por harina con sal. Freírlos en aceite por ambos lados y escurrirlos. Freír las gambas crudas por ambos lados y escurrirlas.

4 Freír las cebollas y dos terceras partes del ajo unos 3 minutos. Añadir el brandy y prenderlo con una cerilla. cuando las llamas se extingan, añadir los tomates, el laurel, el pimentón, la guindilla y el caldo.

5 Poner a hervir, bajar el fuego y dejarlo cocer a fuego lento 5 minutos. Añadir los mejillones o las almejas, tapar la olla y cocerlos 3–4 minutos hasta que se abran.

6 Sacar de la salsa los mejillones o almejas y desechar los que no se hayan abierto. Incorporarlos al pescado.

7 Disponer el pescado y la langosta en una fuente de servir a prueba de fuego. Hacer una pasta con las almendras mezclándolas con el resto del ajo y el perejil y echarla a la salsa.

8 Verter la salsa sobre el pescado y cocer a fuego lento 5 minutos. Agregar las gambas cocidas y seguir calentándolo. Servir con una ensalada verde y con mucho pan crujiente.

CONSEJO DEL CHEF
Llevar la bandeja a la mesa y repartir las raciones asegurándose de que a todo el mundo le toque un poco de cada clase de pescado y de marisco.

FILETES DE PESCADO CON NARANJA Y SALSA DE TOMATE

a salsa, levemente especiada, complementa a los tiernos filetes de pescado en este suculento plato.

INGREDIENTES

20g / 3 cucharadas de harina

4 filetes de pescado blanco como bacalao, róbalo o lenguado, de unos 175g cada uno

15g / 1 cucharada de mantequilla o margarina

30ml / 2 cucharadas de aceite de oliva

1 cebolla, en rodajas

2 dientes de ajo, picados

1,5ml / ¼ cucharadita de comino molido

500g de tomates, pelados, sin semillas y picados o 400g de tomates de lata en trozos

120ml / ½ taza de zumo de naranja fresco

sal y pimienta negra molida

rodajas de naranja, para adornar

judias verdes, para servir

4 PERSONAS

1 Poner la harina en un plato y salpimentarla. Rebozar en ella los filetes de pescado, sacudiendo el exceso.

2 Calentar la mantequilla o margarina y la mitad del aceite en una sartén grande. Añadir los filetes de pescado y freírlos 3 minutos por cada lado hasta que se doren y la carne se desmigue fácilmente al pincharla.

3 Cuando el pescado esté hecho, pasarlo a una bandeja de servir precalentada. Taparla con aluminio y guardarla al calor.

4 Calentar el resto del aceite en la sartén. Añadir la cebolla y el ajo y y sofreír hasta que se ablanden, unos 5 minutos.

5 Echar el comino, los tomates y el zumo de naranja. Poner a hervir y cocer unos 10 minutos, removiendo, hasta que se espese.

6 Adornar el pescado con rodajas de naranja y acompañarlo con judias verdes. Servir la salsa aparte.

GAMBAS A LA BRASA

Estas gambas se sirven con una *salsa romesco*, originaria de Cataluña. También se puede usar esta salsa para acompañar otros pescados o mariscos.

INGREDIENTES
24 gambas grandes crudas, enteras
30–45ml / 2–3 cucharadas de aceite de oliva

PARA LA SALSA ROMESCO
2 tomates muy aromáticos
60ml / 4 cucharadas de aceite de oliva
1 cebolla, picada
4 dientes de ajo, picados
1 pimiento en conserva, escurrido y picado
2,5ml / ½ cucharadita de guindilla en polvo
75ml / 5 cucharadas de caldo de pescado
30ml / 2 cucharadas de vino blanco seco
10 almendras tostadas
15ml / 1 cucharada de vinagre tinto
sal, al gusto
rodajas de limón y ramitas de perejil,
para servir

4 PERSONAS

1 Hacer un corte a los tomates con un cuchillo afilado. Escaldarlos en agua hirviendo 30 segundos y luego pasarlos por un chorro de agua fría. Pelarlos y cortarlos a trozos grandes.

2 Calentar 30ml / 2 cucharadas de aceite en una cacerola, añadir la cebolla y tres dientes de ajo y sofreír hasta que se ablanden. Añadir el pimiento y el tomate, con la guindilla, el caldo y el vino. Tapar y dejarlo cocer 30 minutos.

3 Poner las almendras en una picadora y molerlas bien. Añadirles el resto del aceite y del ajo y el vinagre. Batirlo todo hasta que se mezcle. Agregar la salsa de tomate y seguir batiéndolo hasta que la mezcla quede fina.

4 Descabezar las gambas y retirar el nervio dorsal haciéndoles un corte con un cuchillo afilado. Lavarlas bajo un chorro de agua fría y dejarlas escurrir sobre papel de cocina.

5 Precalentar el grill. Embadurnar las gambas con aceite y asarlas unos 2–3 minutos por cada lado, hasta que queden rosadas. Ponerlas en una bandeja, adornadas con limón y perejil y servir la salsa en un bol aparte.

PAELLA DE MARISCO

aque la paellera a la mesa y deje que cada uno se vaya sirviendo... será más entretenido y más relajado.

INGREDIENTES

60ml / 4 cucharadas de aceite de oliva
225g de merluza o bacalao, sin piel y cortado a trozos
3 calamares pequeños, cortados en aros y con las patas picadas
1 salmonete, en filetes, sin piel y cortado a trozos (opcional)
1 cebolla, picada
3 dientes de ajo, picados finos
1 pimiento rojo, sin semillas y cortado en tiras
4 tomates, pelados y picados
225g / 1 taza generosa de arroz
450ml / 1⅞ tazas de caldo de pescado
150ml / ⅔ taza de vino blanco
75g / ¾ taza de guisantes congelados
4–5 hebras de azafrán remojadas en 30ml / 2 cucharadas de agua caliente
115g / 1 taza de gambas, cocidas y peladas
8 mejillones frescos, lavados
sal y pimienta negra molida
15ml / 1 cucharada de perejil fresco picado, de adorno
rodajas de limón, para servir

4 PERSONAS

1 Calentar 30ml / 2 cucharadas de aceite en una paellera o sartén grande y añadir la merluza o bacalao, el calamar y el salmonete. Sofreírlo todo 2 minutos, luego pasar el pescado a un bol con todos los jugos y reservarlo.

2 Calentar el resto de aceite en la paellera y añadirle la cebolla, el ajo y el pimiento. Freír unos 6–7 minutos, removiendo con frecuencia, hasta que la cebolla y el pimiento se hayan ablandado.

3 Añadir los tomates y freír unos 2 minutos, luego echar el arroz, removiendo para que se impregne bien de aceite y dejarlo cocer otros 2–3 minutos. Verter el caldo de pescado y el vino y añadir los guisantes, el azafrán y el agua de remojarlo. Salar bien y mezclar.

4 Añadir con cuidado el pescado reservado con su jugo, seguido de las gambas y de los mejillones. Tapar y cocer a fuego lento unos 30 minutos, o hasta que el arroz haya absorbido todo el caldo pero siga viéndose jugoso.

5 Retirar del fuego y dejarla reposar, tapada, 5 minutos. Espolvorear encima el perejil picado y servirla con rodajas de limón para exprimir sobre el arroz.

POTAJE DE ALUBIAS PINTAS

Este sencillo potaje usa unos pocos ingredientes sabrosos para crear un sabor intenso y delicioso... es el equivalente español a la *cassoulet* francesa.

INGREDIENTES

275g / 1½ taza generosa de alubias pintas, secas

675g de chuletas de cerdo sin hueso

60ml / 4 cucharadas de aceite de oliva

350g de cebollas enanas

2 tallos de apio, picados finos

10ml / 2 cucharaditas de pimentón

150g de chorizo, cortado en tacos

600ml / 2½ tazas de caldo ligero de pollo o de verduras

2 pimientos verdes, sin semillas y cortados en trozos grandes

sal y pimienta negra molida

5–6 PERSONAS

CONSEJO DEL CHEF

A este caldo se le pueden añadir todo tipo de verduras invernales como puerros, nabos, chirivías e incluso patatitas.

---

1 Poner las alubias en un recipiente y cubrirlas con abundante agua fría. Dejarlas en remojo toda la noche. Escurrirlas, ponerlas en una cacerola y cubrirlas con agua fresca. Ponerlas a hervir a fuego fuerte unos 10 minutos. Escurrirlas en un colador.

2 Precalentar el horno a 160°C / Gas 3. Quitar la corteza a las chuletas y cortarlas en trozos grandes.

3 Calentar el aceite en una sartén grande y freír las cebollas y el apio 3 minutos. Añadir la carne y freírla 5–10 minutos, hasta que esté bien dorada.

4 Añadir el chorizo y el pimentón y freír otros 2 minutos. Pasarlo a una bandeja para horno con las alubias y mezclarlo todo bien.

5 Echar el caldo a la sartén y ponerlo a hervir. Salarlo un poco y verterlo sobre la carne y las alubias. Tapar la fuente y dejarla en el horno 1 hora.

6 Echar los pimientos al potaje, taparlo y volverlo a meter en el horno otros 15 minutos. Servirlo caliente.

PAELLA DE POLLO

Hay muchas variaciones para preparar esta sencilla receta. Se puede añadir cualquier verdura de temporada, al igual que mejillones u otros mariscos. Sírvala directamente desde la paellera.

INGREDIENTES

4 cuartos de pollo (muslo y sobremuslo)
60ml / 4 cucharadas de aceite de oliva
1 cebolla grande, picada fina
1 diente de ajo, triturado
5ml / 1 cucharadita de cúrcuma molida
115g de chorizo o jamón ahumado
225g / 1 taza generosa de arroz largo
600ml / 2½ tazas de caldo de pollo
4 tomates, pelados, sin semillas y picados
1 pimiento rojo, sin semillas y en tiras
115g / 1 taza de guisantes congelados
sal y pimienta negra molida

4 PERSONAS

1 Precalentar el horno a 180°C / Gas 4. Cortar los cuartos de pollo por la articulación para obtener 8 piezas.

2 Calentar el aceite en una paellera de 30cm o una cacerola similar y dorar el pollo bien por todos lados. Añadir la cebolla y el ajo y echarles la cúrcuma. Dejarlo cocer 2 minutos.

3 Cortar el chorizo o el jamón en rodajitas o tacos y echarlos a la paellera con el arroz y el caldo de pollo. Ponerla a hervir y salpimentar al gusto, taparla y dejar cocer 15 minutos.

4 Sacarla del horno y agregar los tomates picados, el pimiento rojo en tiras y los guisantes congelados. Volver a ponerla en el horno y cocer otros 10–15 minutos o hasta que el pollo esté tierno y el caldo se haya absorbido.

POLLO CON CHORIZO

 a combinación del chorizo y del jerez español confiere a este plato un sabor cálido e interesante.

INGREDIENTES

1,5kg de pollo, cortado en piezas, o 4 patas
de pollo, cortadas en dos trozos
10ml / 2 cucharaditas de pimentón
60ml / 4 cucharadas de aceite de oliva
2 cebollas pequeñas, en rodajas
6 dientes de ajo, picados finos
150g de chorizo, en rodajas finas
400g de tomates de lata en trozos
2 hojas de laurel
75ml / ⅓ taza de jerez semiseco
sal y pimienta negra molida
patatas hervidas, para acompañar

4 PERSONAS

1 Precalentar el horno 190°C / Gas 5. Sazonar bien el pollo con pimentón y salarlo un poco.

2 Calentar el aceite de oliva en una sartén y dorar el pollo bien por todos lados. Con una espumadera, pasar las piezas de pollo a una bandeja para horno.

3 Echar las cebollas a la sartén y freírlas a fuego fuerte para que se doren. Añadir el ajo y el chorizo y freírlos unos 2 minutos (el ajo no debe quemarse, pues sabe amargo).

VARIACIÓN
Si usa trozos de carne de cerdo en lugar del pollo, reduzca ligeramente el tiempo de cocción.

4 Añadir los tomates, el laurel y el jerez y llevar a ebullición. Verterlo sobre el pollo y taparlo. Hornearlo unos 45 minutos. Destapar la fuente y salpimentar al gusto. Cocerla otros 20 minutos más hasta que el pollo esté bien tierno y dorado. Servirlo acompañándolo con patatas hervidas.

POLLO CON JAMÓN Y ARROZ

Este vistoso plato único es ideal para entretenerse ya que no necesita prepararse en el último momento. Sírvalo con una ensalada verde bien fresca.

INGREDIENTES
15g / 2 cucharadas de harina
10ml / 2 cucharaditas de pimentón
2,5ml / ½ cucharaditas de sal
16 muslitos de pollo
60ml / 4 cucharadas de aceite de oliva
1,2 litros / 5 tazas de caldo de pollo
1 cebolla, picada fina
2 dientes de ajo, triturados
450g / 2¼ tazas generosas de arroz largo
2 hojas de laurel
225g / 2 tazas de jamón cocido en tacos
115g / 1 taza de olivas verdes
rellenas de pimiento
1 pimiento verde, sin semillas y picado
2 latas de 400g de tomates troceados,
con su jugo
ramitas de perejil, de adorno

8 PERSONAS

1 Precalentar el horno a 180°C / Gas 4. Mezclar la harina, el pimentón y la sal sacudiéndolas en una bolsa de plástico, poner en la bolsa el pollo y removerlo para que se reboce bien.

2 Calentar en aceite en una cazuela grande a prueba de fuego y, por tandas, ir dorando el pollo lentamente por todos lados. Apartar del fuego y guardarla al calor.

3 Mientras, poner a hervir el caldo y añadir la cebolla, el ajo, el arroz y las hojas de laurel. Cocerlo 10 minutos. Apartarlo a un lado y agregar el jamón, las olivas, el pimiento y los tomates picados en su jugo. Pasarlo a una fuente grande para horno.

4 Colocar el pollo encima, taparlo y hornear unos 30–40 minutos o hasta que esté tierno. Añadir un poco más de caldo si es necesario para evitar que se seque. Quitar el laurel y servir el pollo, adornado con perejil.

SALMOREJO DE CONEJO

Las pequeñas piezas de conejo, que se pueden encontrar ya cortadas y empaquetadas en el supermercado, son una interesante alternativa al pollo en este plato especiado. Sírvalo con una sencilla ensalada aliñada.

INGREDIENTES

675g de conejo en porciones
300ml / 1¼ tazas de vino blanco seco
15ml / 1 cucharada de vinagre de jerez
varias ramitas de orégano fresco
2 hojas de laurel
90ml / 6 cucharadas de aceite de oliva
175g de cebollas enanas, peladas y enteras
1 guindilla, sin semillas y picada fina
4 dientes de ajo, fileteados
10ml / 2 cucharaditas de pimentón
150ml / ⅔ taza de caldo de pollo
sal y pimienta negra molida
ramitas de perejil fresco, de adorno
(opcional)

4 PERSONAS

CONSEJO DEL CHEF
Si le va mejor, pase el guiso a una bandeja para horno y hornéelo a 180°C / Gas 4 unos 50 minutos, o hasta que la carne esté tierna.

1 Poner el conejo en un bol. Añadir el vino, el vinagre y las hierbas y mezclarlo un poco. Taparlo y dejarlo macerar varias horas o durante la noche.

2 Escurrir el conejo, reservando el adobo, y secarlo con papel de cocina. Calentar el aceite en una cazuela o sartén grande. Añadir el conejo y freírlo hasta que se dore por todas partes. Escurrirlo bien. Freír las cebollas hasta que empiecen a coger color.

3 Sacar las cebollas de la cazuela y añadir la guindilla, el ajo y el pimentón. Rehogar, removiéndolo, durante 1 minuto. Añadir el adobo reservado y el caldo; salpimentar.

4 Volver a poner el conejo en la cazuela con las cebollas. Ponerlo a hervir, bajar el fuego y taparlo. Dejarlo cocer a fuego muy lento 45 minutos, hasta que el conejo esté tierno. Servir el *salmorejo* adornándolo, si lo desea, con hojas de perejil fresco.

CAZUELA DE POLLO CON HIGOS ESPECIADOS

os catalanes tienen varias recetas de fruta con carne y este es un plato peculiar que usa higos frescos.

INGREDIENTES
PARA LOS HIGOS
150g / ¾ taza de azúcar granulado
120ml / ½ taza de vinagre de vino blanco
1 rodaja de limón
1 trozo de canela en rama
450g de higos frescos

PARA EL POLLO
120ml / ½ taza de vino blanco semi dulce
la ralladura de ½ limón
1,5kg de pollo, cortado en ocho piezas
50g de panceta o tocino, cortado en tiras
15ml / 1 cucharada de aceite de oliva
50ml / ¼ taza de caldo de pollo
sal y pimienta negra molida
ensalada verde, para acompañar
(opcional)

4 PERSONAS

1 Poner a hervir 120ml / ½ taza de agua con el azúcar, el vinagre, el limón y la canela. Cocer a fuego lento 5 minutos. Añadir los higos y seguir cociéndolos 10 minutos. Retirar del fuego, taparlos y dejarlos reposar toda la noche.

2 Precalentar el horno a 180°C / Gas 4. Escurrir los higos y ponerlos en un bol. Añadir el vino y la ralladura de limón. Sazonar el pollo. Cocer el tocino o la panceta en una cazuela para horno hasta que suelte la grasa y se dore. Sacarlo, dejando la grasa en la cazuela. Añadir el aceite de oliva y dorar bien las piezas de pollo.

3 Escurrir los los higos y echar el vino a la cazuela del pollo. Hervirlo hasta que se reduzca y quede espeso. Pasar la cazuela al horno y cocer, sin taparla, unos 20 minutos. Añadir los higos y el caldo de pollo, tapar y volver a meterla en el horno otros 10 minutos. Sirva el pollo y los higos con una ensalada verde, si lo desea.

CAZUELA DE CERDO CON BUTIFARRA

Este es otro plato catalán de cerdo que utiliza la butifarra, una salchicha grande y especiada. Si no logra encontrarla, puede utilizar también salchichas de cerdo grandes.

INGREDIENTES

30ml / 2 cucharadas de aceite de oliva
4 cortes de carne de cerdo, sin hueso, de unos 175g cada uno
4 butifarras o salchichas grandes
1 cebolla, picada
2 dientes de ajo, picados
120ml / ½ taza de vino blanco seco
4 tomatitos maduros, picados
1 hoja de laurel
15ml / 1 cucharada de perejil fresco picado
sal y pimienta negra molida

4 PERSONAS

1 Precalentar el horno a 180°C / Gas 4. Calentar el aceite en una sartén. Dorar la carne por ambos lados (*izq.*). Pasarla a una bandeja y guardarla al calor. Añadir las butifarras, la cebolla y el ajo y sofreír hasta que las salchichas se doren y la cebolla se ablande.

2 Agregar el vino, los tomates y el laurel y sazonar con sal y pimienta negra molida. Añadirle el perejil. Pasarlo a una cazuela para horno, taparla y dejarla cocer unos 30 minutos. Cortar las butifarras a trozos y servirlas con la carne de cerdo.

PATO CON PERAS Y ESPECIAS

E sta deliciosa cazuela se basa en un plato catalán que emplea pato o ganso. Las peras salteadas se añaden hacia el final junto con la *picada,* pasta de piñones y ajo machacados que proporciona sabor al plato y lo espesa un poco.

INGREDIENTES
6 porciones de pato, del muslo o la pechuga
15ml / 1 cucharada de aceite de oliva
1 cebolla grande, en rodajas finas
1 trozo de canela en rama, cortado en dos
2 ramitas de tomillo
450ml / 1⅞ tazas de caldo de pollo

PARA EL ACABADO
3 peras, maduras pero firmes
30ml / 2 cucharadas de aceite de oliva
2 dientes de ajo, fileteados
25g / ¼ taza de piñones
2.5ml / ½ cucharadita de hebras de azafrán
25g / 3 cucharadas de pasas
sal y pimienta negra molida
ramitas de perejil o tomillo, de adorno
puré de patatas, para acompañar

6 PERSONAS

1 Precalentar el horno a 180°C / Gas 4. Freír el pato en el aceite unos 5 minutos hasta que la piel se dore. Pasarlo a una bandeja para horno y desechar la grasa de la sartén, dejando 15ml / 1 cucharada.

2 Añadir la cebolla a la sartén y freírla 5 minutos. Agregar la canela en rama, el tomillo y el caldo y llevar a ebullición. Verterlo sobre las porciones de pato y hornearlas 1¼ horas.

CONSEJO DEL CHEF
Un buen caldo es esencial para este plato. Compre un pato grande (más dos pechugas si quiere raciones más generosas) y trínchelo usted mismo, usando los menudillos y la carcasa para el caldo. Si lo prefiere, compre el pato en porciones y el caldo ya preparado.

3 Mientras, cortar las peras en dos y freírlas a fuego fuerte en el aceite hasta que empiecen a dorarse por el lado del corte. Machacar el ajo, los piñones y el azafrán con el mortero hasta lograr una pasta suave y espesa.

4 Añadir la pasta, disuelta con un poco del caldo, a la cazuela junto con las peras y las pasas. Hornearlo otros 15 minutos hasta que las peras estén bien tiernas.

5 Sazonar al gusto y adornarlo con perejil o tomillo. Sirva el pato bien caliente, acompañándolo con puré de patatas.

TARTA DE CHOCOLATE Y NARANJA

 ste postre esponjoso y suave tiene un sabor absolutamente divino y pondrá el más digno colofón a una comida elegante.

INGREDIENTES
25g / ¼ taza de harina
15g / 2 cucharadas de cacao en polvo
15g / 2 cucharadas de maicena
una pizca de sal
5 claras de huevo
2,5ml / ½ cucharadita de crémor tártaro
115g / ½ taza generosa de azúcar extrafino
la corteza de 1 naranja, escaldada y rallada, para decorar

PARA EL ESCARCHADO
200g / 1 taza de azúcar extrafino
1 clara de huevo

10 PERSONAS

1 Precalentar el horno a 180°C / Gas 4. Poner en un bol el cacao, la harina, la maicena y la sal, pasándolas tres veces por un tamiz. Batir las claras de huevo en un bol grande hasta que se haga espuma. Añadir el crémor tártaro y montarlas a punto de nieve.

2 Añadir el azúcar a las claras, cucharada a cucharada y sin dejar de batir. Tamizar una tercera parte de la mezcla de cacao sobre el merengue y mezclarlo suavemente. Repetir esta operación dos veces más con el resto de la mezcla de cacao y harina.

3 Verter la mezcla en un molde de roscón de 20cm y alisarla bien por arriba. Meterla 35 minutos en el horno o hasta que quede esponjosa al tacto. Volcarla sobre una rejilla y dejarla enfriar en el molde. Una vez fría, separarla con cuidado del molde.

4 Para el escarchado, poner el azúcar en una cacerola con 75ml / 5 cucharadas de agua. Colocarla a fuego lento y remover para que se disuelva. Hervir hasta que alcance 120°C o una gota de almibar se haga una una pelotita al echarla en agua fría. Retirarla del fuego.

5 Batir la clara de huevo a punto de nieve. Añadir el almíbar en un chorrito, sin dejar de batir. Seguir batiendo hasta que la mezcla esté muy espesa y suave. Extender el escarchado por encima y por los lados de la tarta. Espolvorearla con la corteza de naranja y servirla.

CHURROS

Estos dulces se comercializan friendo largas tiras en grandes cubas y luego cortándolos a trozos para venderlos. Sirva esta versión casera recién hecha con chocolate deshecho o café fuerte.

INGREDIENTES
200g / 1¾ tazas de harina
1,5ml / ¼ cucharadita de sal
30ml / 2 cucharadas de azúcar extrafino
60ml / 4 cucharadas de aceite de oliva
o de girasol
1 huevo, batido
azúcar extrafino y canela en polvo,
para espolvorear
abundante aceite, para freír

SALEN 12–15

1 Tamizar la harina, la sal y el azúcar en un plato o un trozo de papel. Calentar 250ml /1 taza de agua en una cacerola con el aceite hasta que empiece a hervir.

2 Verter la harina y batirla con una cuchara de palo hasta que se forme una pasta compacta. Dejarla enfriar 2 minutos.

3 Añadir el huevo y batirlo hasta que quede suave. Engrasar una bandeja de horno grande. Poner abundante azúcar en un plato y mezclarla con una pizca de canela en polvo.

4 Poner la masa en una manga pastelera de boquilla normal de 1cm. Ir depositando tiras en forma de anillo o de S sobre la bandeja preparada.

5 Calentar una cacerola alta con 5cm de aceite a 168°C o hasta que un pellizco de masa suba chisporroteando a la superficie al echarla.

6 Con una paleta de pescado engrasada, poner varios churros en el aceite y freírlos 2 minutos hasta que se vean algo dorados.

7 Escurrirlos sobre papel de cocina y luego rebozarlos en el azúcar con canela. Guardarlos al calor. Freír el resto de churros de la misma manera y servirlos inmediatamente.

CREMA CATALANA

E ste delicioso postre es un cruce entre la *crème caramel* y la *crème brûlée*. El sabor no es tan fuerte como en la *crème brûlée*, pero tiene una cobertura caramelizada similar.

INGREDIENTES
475ml / 2 tazas de leche
la corteza de ½ limón
1 trozo de canela en rama
4 yemas de huevo
105ml / 7 cucharadas de azúcar extrafino
25ml / 1½ cucharada de maicena
nuez moscada rallada, para espolvorear

4 PERSONAS

1 Poner la leche en una cacerola con la corteza de limón y la canela. Poner a hervir y cocer a fuego lento 10 minutos. Quitar la corteza y la canela. Batir las yemas de huevo con 45ml / 3 cucharadas de azúcar hasta que estén pálidas. Añadir la maicena y mezclar bien.

2 Echar unas cucharadas de leche caliente, remover y verter la mezcla en el resto de la leche. Volver a ponerla a cocer a fuego lento, removiendo, unos 5 minutos, hasta que quede espesa y suave. No deje que hierva. No tiene que notarse el sabor de la maicena.

3 Verter la crema en cuatro platillos de horno hondos, de unos 13cm de diámetro. Dejarlos enfriar del todo y meterlos en la nevera, si es posible toda la noche, para que la crema se solidifique.

4 Antes de servir, precalentar bien el grill. Espolvorear cada plato con 15ml / 1 cucharada de azúcar y un poco de nuez moscada. Ponerlos justo debajo del grill hasta que el azúcar se caramelice. Sólo tardará unos segundos. Dejarlos enfriar unos minutos antes de servirlos (la cobertura de caramelo solamente se mantendrá dura durante unos 30 minutos).

SORBETES DE NARANJA

Estos pequeños sorbetes quedan muy bien presentados al servirlos en las propias pieles de naranja. Es fácil prepararlos... y más fácil aún comerlos.

INGREDIENTES

150g / ¾ taza de azúcar granulado
el zumo de 1 limón
14 naranjas
8 hojas de laurel frescas, de adorno

8 PERSONAS

1 Poner el azúcar en una cacerola de base gruesa. Añadir la mitad del zumo de limón y 120ml / ½ taza de agua. Cocer a fuego lento hasta que el azúcar se disuelva. Llevar a ebullición y hervir unos 2–3 minutos, hasta que el almíbar quede bien líquido. Dejarlo enfriar.

2 Con un cuchillo afilado, cortar la parte superior de 8 naranjas, para hacer las tapas de los sorbetes. Con una cuchara, sacar la pulpa de las naranjas, ponerla en un bol y reservarla. Poner las pieles con las tapas en una bandeja, en la nevera, hasta que se necesiten.

3 Rallar la corteza del resto de naranjas y añadirla al almíbar. Exprimir las naranjas y la pulpa reservada. Deberían salir 750ml / 3 tazas de zumo. (Añada zumo natural comprado o exprima otra naranja, si es necesario).

4 Añadir al almíbar el zumo de naranja y el resto del de limón, más 90ml / 6 cucharadas de agua fría. Probar y añadir más zumo de limón o azúcar granulado si es de su gusto. Verter la mezcla en un recipiente hondo y grande para congelar y dejarlo en el congelador unas 3 horas.

5 Volcar la mezcla en un bol y batirla para desmenuzar los cristales de hielo. Volver a meterlo en el recipiente y congelarlo durante 4 horas, Hasta que esté firme pero no sólida. Rellenar las pieles vacías de naranja con la mezcla y ponerles encima las tapas.

6 Guardar las naranjas en el congelador hasta que se sirvan. Justo antes, clavar una hoja de laurel con un palillo, a modo de tallo, en la tapa de cada sorbete.

ÍNDICE